AF347383

EXERCICE 1891-1892

KARCHER & Cie

SOCIÉTÉ EN COMMANDITE PAR ACTIONS

CAPITAL : 2.000.000

BRASSERIE « LA PARISIENNE »

PARIS

88, rue de Bagnolet, 88

RAPPORTS — INVENTAIRE

BILAN

PARIS

IMPRIMERIE ET LIBRAIRIE CENTRALES DES CHEMINS DE FER

IMPRIMERIE CHAIX

SOCIÉTÉ ANONYME AU CAPITAL DE CINQ MILLIONS

Rue Bergère, 20

1892

EXERCICE 1891-1892

BRASSERIE « LA PARISIENNE »

KARCHER & CIE

Paris. — 85, rue de Bagnolet, 85. — Paris.

RAPPORT

DE FIN D'ANNÉE

DU GÉRANT

A Messieurs les Membres du Conseil de Surveillance

MESSIEURS,

Arrive, le 31 octobre dernier, au terme de notre première année commerciale exceptionnellement composée de quatorze mois d'exercice, je viens, conformément à nos statuts, vous soumettre notre inventaire qui vous donnera le résultat de nos opérations pendant cette période.

L'article 35 de nos statuts me donnait jusqu'au 15 décembre pour la confection du travail que j'ai l'honneur de vous exposer aujourd'hui ; mais, étant donné la longueur extraordinaire de notre premier exercice, j'ai tenu à mettre sous vos yeux dans le plus bref délai possible l'état de notre situation.

Notre début dans les affaires a été aidé par un assez beau temps ; les mois de septembre et octobre 1891 ont été très beaux ; par contre, l'hiver s'est montré froid et mauvais ; mais un été exceptionnellement chaud nous a permis de vite rattraper ces quelques mauvais mois.

Je dois vous déclarer, Messieurs, que dès les premières chaleurs, notre stock de futaille s'est trouvé épuisé, et j'ai dû prendre sur moi d'en acheter en quantité suffisante pour assurer les besoins de la campagne : malgré le chiffre de 121.845 fr. 85 c. auquel s'élève ce compte, j'ai dû, à différentes reprises, refuser la vente, n'ayant point de tonneaux pour livrer la marchandise qu'on nous demandait.

Je prie donc MM. les Membres du Conseil de surveillance d'appeler l'attention de l'Assemblée générale sur ce point, car je considère qu'il est de toute nécessité que je sois autorisé à faire de ce chef les achats que comportent les besoins de la production et de la vente que nous voulons voir sans cesse croissantes.

Si je m'étais, dans le cas qui nous occupe, renfermé dans les limites du paragraphe 7 de l'article 20 de nos statuts, notre année eût été absolument perdue : c'eût été désastreux ; j'aurais cependant été un parfait observateur de notre code social en ne prenant pas sur moi d'en enfreindre les articles. Il y a donc une lacune : j'aime à croire que vous voudrez bien la combler.

J'ai encore à vous donner quelques explications détaillées au sujet de notre compte de Constructions Nouvelles que vous avez autorisées dans l'Assemblée générale du 19 décembre 1891 et qui s'élève à ce jour à 242.976 fr. 40 c.

La partie la plus essentielle dont nous avions un besoin urgent a été poussée aussi rapidement que possible ; je veux parler du bâtiment des générateurs à vapeur et des chaudières elles-mêmes.

La construction de ce bâtiment, du massif des chaudières et de la cheminée surtout nous a donné beaucoup de travail et un surcroît de dépenses, en raison de la mauvaise nature du sol. Nous avons dû asseoir nos fondations sur des puits qui atteignent le bon sol, le massif de la cheminée repose sur ce dernier.

Néanmoins, nous avons pu mettre en feu le 13 juin dernier. Depuis cette époque, ces appareils ont fonctionné à notre entière satisfaction ; nous avons pu les alimenter avec des qualités de houille bien meilleur marché que celles que l'on employait jusqu'alors, et nous espérons pouvoir vous annoncer l'année prochaine, à la clôture de notre exercice en cours, de sensibles économies sur ce chapitre intéressant.

Nous avons à vous demander d'approuver l'acquisition d'un troisième générateur dont le prix, avec l'installation s'élève, à dix mille

francs ; les besoins de l'usine nous forcent d'en avoir deux cons-
tamment en feu; il nous en faut un troisième pour permettre les
opérations de nettoyage et de réparation sans arrêt de la fabrication
afin de ne pas entraver la marche des affaires.

L'isolement dans lequel se trouvait notre usine de la rue des
Pyrénées nous a amené à y installer un surveillant faisant fonction
de concierge, contrôlant rigoureusement les entrées et les sorties ;
nous avons donc dû le loger et lui construire une habitation. Nous espérons que cette dépense éminemment utile sera approuvée par vous.

Nous avons en outre obtenu de la Ville qu'elle nous amenât les
eaux de rivière dans la rue des Pyrénées ; nous avons alors pu nous
brancher sur leur canalisation et ainsi remplacer dans notre usine
les eaux de source qui nous coûtaient 32 centimes par des eaux de
Marne qui ne nous en coûtent que 16 centimes. Cette dépense aura,
nous n'en doutons pas, votre entière approbation.

Enfin, nous avons dû faire les travaux de canalisation que nous
réclamait la Ville pour emmener nos eaux de lavage, agrandir notre
quai d'expéditions qui ne répondait plus aux besoins, paver notre
cour dont l'accès était impossible aux voitures, enfin transformer
des locaux inutilisés en caves, pour augmenter notre production de
petite bière.

Nous avons, sur les conseils de quelques-uns de nos actionnaires,
acquis 200 mètres de terrain qui se trouvent contigus au nôtre, au
prix de 30 francs le mètre, pour former un Entrepôt de charbons
qui nous mettra à même d'avoir une provision en réserve pour
parer aux accidents de grève ou de mauvais temps qui, en général,
coûtent fort cher aux industriels.

Tel est, Messieurs, le résumé de nos opérations, pour lesquelles
nous sollicitons votre sanction.

Je pousse avec la plus grande activité l'installation de la salle de
Brassage qui sera prête à fonctioner avant trois mois.

En dehors des travaux de consolidation ou d'aménagements défi-
nitifs indispensables dans l'industrie, je vous demande d'approuver
comme dépense de la plus grande utilité, qui sera largement rémérée
par les économies qu'elle procurera, la construction d'un hangar

destiné à abriter nos voitures, qui jusqu'à présent sont malheureusement exposées à toutes les intempéries.

Je vais maintenant passer à l'énumération des chiffres de notre bilan qui nous laisse un bénéfice net de 232.811 fr. 35 c.

Je crois que nous devons être larges en amortissements, de façon à avoir une situation solide, exempte de valeurs qui ne soient parfaitement réelles et même condensées, qui nous permette d'être forts sans le secours des banquiers ou autres moyens de ce genre.

Je ne terminerai pas, Messieurs, cet exposé de mon premier exercice, sans adresser personnellement des remerciements à M. Hensch, notre prédécesseur, qui s'est toujours mis très obligeamment à ma disposition, pour me permettre de me familiariser avec les rouages compliqués d'une entreprise qu'il avait placée sur une voie de prospérité que je me suis appliqué à suivre avec toute l'ardeur possible.

Je propose donc d'attribuer 350 francs à chaque action, intérêt et dividende compris. Ladite somme sera, par dérogation à l'article 16 de nos statuts, payable pour la première moitié à partir du 25 décembre courant, et, pour la seconde, à partir du 1ᵉʳ février 1893, date statutaire.

Défalcation faite des 15 0/0 de la gérance, soit 34.921 fr. 20 c., et de la réserve statutaire du 5 0/0, soit 11.640 fr. 5 c., formant un total de 46.502 fr. 25 c., il nous reste 162.915 fr. 75 c. que je vous propose de répartir de la façon suivante :

Amortissement extraordinaire sur les constructions
nouvelles . . . . Fr.   130.000 »
Compte de prévoyance 32.915 75

Je vous demande, Messieurs, de bien vouloir donner votre approbation à mes propositions.

Henri KARCHER.

RAPPORT

de M. le Président du Conseil de surveillance

MESSIEURS,

Pour se conformer aux prescriptions de l'article 33 de nos statuts, le Conseil de surveillance, élu par vous, a vérifié les livres, la caisse, le portefeuille et les valeurs de la Société; il a la satisfaction de vous dire que tout est parfaitement tenu suivant les prescriptions de la loi et les usages commerciaux.

Le compte rendu de notre Gérant est de nature à vous édifier complètement sur la bonne marche de notre affaire : nous n'entrerons donc pas dans le détail des chiffres qui figurent dans cet intéressant document et nous nous contenterons de vous affirmer que ces chiffres sont d'une rigoureuse exactitude. Du reste, les pièces comptables, le bilan et l'inventaire ont été mis depuis plus de quinze jours à la disposition de MM. les actionnaires, au siège de la Société, ainsi que le prescrivent les statuts; et nous sommes prêts à donner aux membres de cette Assemblée tous les éclaircissements qu'il leur plaira de nous demander.

Nous croyons cependant de notre devoir de vous parler des constructions nouvelles et des travaux dont vous avez voté l'exécution dans votre Assemblée extraordinaire du 19 décembre et dont l'expérience nous a démontré, non seulement l'utilité, mais l'absolue nécessité.

Le premier travail a été l'établissement de nouveaux générateurs à la place des anciens qui constituaient un danger permanent et une source de grosses dépenses. La nouvelle installation nous procurera

une économie annuelle d'au moins vingt mille francs sur le combustible et la main-d'œuvre.

En même temps, on installait la nouvelle machine à glace, d'une production de mille kilogrammes de glace à l'heure, grâce à laquelle nous avons pu continuer la fabrication par les grandes chaleurs, sans acheter de la glace à grands frais.

La construction de la nouvelle brasserie se poursuit activement et sera certainement achevée totalement avant trois mois.

A côté de ces importants travaux, on en a exécuté d'autres moins importants, mais tout aussi utiles : tels que construction d'une maison de concierge, conversion de deux cours inutiles en caves de fermentation, installation d'un quai d'expédition, canalisation des eaux et pavage de la cour.

Enfin, les expéditions étant arrêtées au cœur de l'été, à la suite du manque de futaille, notre Gérant n'a pas hésité à en acheter une certaine quantité. Cette dépense était d'une utilité indiscutable pour ne pas arrêter le mouvement de nos affaires.

Les résultats très satisfaisants déjà obtenus grâce à ces déboursés nous sont un sûr garant de ceux plus brillants encore que nous réserve l'avenir, et nous sommes persuadés que vous trouverez, comme notre Conseil, que notre Gérant a agi pour le plus grand bien de la Société.

Il reste à exécuter quelques travaux de peu d'importance et notre usine sera un établissement modèle pouvant produire de grosses quantités et satisfaire à l'importante consommation de bière qui se fait à Paris pendant la saison des chaleurs.

Notre Gérant vous dit dans son compte rendu les brillants résultats obtenus dans ce premier Exercice, mais ce qu'il a négligé de vous dire, c'est que si nous pouvons nous applaudir d'un aussi heureux début, c'est grâce à l'intelligence, à l'énergie, au travail inouï, à la haute compétence et au dévouement absolu de notre Directeur ; et nous croyons remplir un devoir en vous priant de vous associer à nous en votant à M. Henri Karcher de sincères remerciements pour la façon remarquable dont il a géré cette importante usine.

Nous sommes d'accord avec le Gérant au sujet des sommes à verser aux divers comptes : Fonds de Réserve, de Prévoyance et d'Amortissement.

Nous vous prions de voter les propositions qu'il vous a faites à ce sujet, notamment la distribution aux actionnaires d'une somme de trois cent cinquante francs par action à titre d'intérêt et de dividende pour les quatorze mois que comprend ce premier Exercice.

Aux termes de l'article 16 des statuts, les intérêts et dividendes doivent être payés à partir du 1er février 1893 ; l'état de notre caisse nous le permettant, nous vous proposons de payer la moitié des 350 francs à partir du 25 décembre courant. et l'autre moitié à partir du 1er février 1893.

Tel est, Messieurs, l'exposé des faits que j'avais à vous faire en ma qualité de Président du Conseil de surveillance.

KASTLER.

INVENTAIRE
dressé au 31 octobre 1892

Immeubles et Mobilier industriel.	Fr.	1 786.319 35	
Amortissement 5 0/0		89.315 95	
			1.697.003 40
Matériel.		250.431 »	
Amortissement 5 0 0		12.521 55	
			237.909 45
Outillage		606 45	
Amortissement 5 0 0		30 30	
			576 15
Constructions nouvelles.		242.976 40	
Amortissement 5 0/0		12.148 80	
			230.827 60
Tonnellerie		121.845 85	
Amortissement 10 0/0.		12.184 60	
			109.661 25
Compte Chevaux.		51.916 30	
Amortissement 15 0/0.		7.787 45	
			44.128 85
Compte voitures	Fr.		25.254 20
Combustible.			1.483 10
Poix			1.006 55

MARCHANDISES

HOUBLONS (1890-91)

de Barth et Sohn, de Nuremberg.

Nos 1114-1117-1118 1120-1121-1122	884k,500 à 320 fr. les 50 kilog. Fr.	5.660 80		
	Tare 2 0/0	113 20		
			5.547 60	
Nos 1251-2252-1254 1261-1262.	666 kilog. à 300 fr. les 50 kilog.	5.194 80		
	Tare 2 0/0	103 90		
			5.090 90	
Nos 2100-2101-2102 2103	829k,500 à 160 fr. les 50 kilog.	2.654 40		
	Conservation.	224 60		
	4 caisses à 60 kilog.	240 »		
			3.119 »	
A reporter.	Fr.	13.757 50		2.347.850 55

| | | *Report* . . . . Fr. | 13.757 50 | 2.347.850 55 |

de Pfeiffer, de Strasbourg, 13 balles.

Nos 257 - 258 - 259)
260 - 261 - 262 } 1.154k,500 à 370 fr. les 50 kilog. Fr.   8.543 30
264 - 265 - 266)

1 balle. No 155, Bohême, 130k,500 à 390 fr. les 50 kilog.   1.017 90

1 — No 413, Spalt-Ville, 103 kilog. à 470 fr. —   968 20

2 — Nos 851 et 852, Boh. Saaz-Ville, 203k,500 à 470 fr.
les 50 kilog. 1.912 70

  12.442 10
Tare 2 0/0 . . . .   248 85

  12.193 25

d'Ubfelder, à Bamberg, 5 balles.

Nos 236 - 241 - 242 - 244 - 245.   848 kilog.
Tare . . . . .   10 —

Reste net . . .   838 kilog. à 330 fr. les 50 kilog. Fr.   5.530 80

de Wenger, 9 balles.

Nos 632 - 633 - 635)
636 - 637 - 639 } 1.126 kilog. à 350 fr. les 50 kilog. 7.885 50
641 - 642 - 644)

  Fr.   39.367 05
Amortissement 25 0/0 . . . .   9.841 75

Reste . . . . Fr.   29.525 30
Amortissement 5 0/0 . . . .   1.476 25

Reste 28.049 05

HOUBLONS (1891-92)

de Barth et Sohn, de Nuremberg, 9 balles.

Nos 1733-1814-1966) 496 kilog. à 180 fr. les 50 kilog. Fr.   1.785 60
1260 . . . . .)   35 70
  1.749 90

Nos 1257-1258-1259) 1.053 kilog. à 250 fr. les 50 kilog. .   5.265 »
1968-2242. . .)   Plus 5 caisses à 60 fr. .   300 »
  5.565 »

ENSEMBLE, *à reporter* . . Fr.   7.314 90   2.347.850 55

	Report . . . . . Fr.	7.314 90	2.347.850 55

d'Artigaud, de Paris, 1 balle.

N° 633. 104 kilog. à 275 fr. les 50 kilog. . . . . 572 »

de Wenger et Cⁱⁱ, 1 balle.

N° 601. 126 kilog. à 200 fr. les 50 kilog. . . . . 504 »

de Lehler et Luin, 2 balles.

Nᵒˢ 466 et 467. 277 kilog. à 215 fr. les 50 kilog. 1.105 10

de Scharrer et fils, 5 balles.

Nᵒˢ 732 à 736. 1.000 kilog. à 90 fr. les 50 kilog. . . . . 1.800 »

de Kastler, 38 balles.

18 ensemble, du poids net de 1.487 kilog. à 100 fr. les 50 kilog.   2.974 »

20   —   1.489 kilog. à 150 fr.   —   4.433 »

                                            7.807 »

                Total . . . . Fr.   18.703 »

             Amortissement 5 0/0 . . . .   935 15

          1894-92. Houblon nouveau. Reste net.   17.767 85

          Total du houblon ancien. 28.049 05

              Total général . . . . . Fr.   45.816 90   45.816 90

MALT

de Bonnette, de Troyes.

380 sacs de 80 kilog. ; augmentation du transport et des frais d'octroi à 26 fr. 75. . . . . Fr.   10.165 »

de Chantreuil-Boiteau.

326 sacs de 80 kilog. ; augmentation du transport et octroi à 24 fr. 60. . .   8.019 60

                Total. . . . . Fr.   18.184 60

            Amortissement 5 0/0 . . . .   909 25

               Reste net . . . . Fr.   17.275 35   17.275 35

                        A reporter. . . . . Fr.   2.410.942 80

<table>
<tr><td colspan="2" align="right">*Report* . . . . . Fr.</td><td align="right">2.410.942 80</td></tr>
</table>

GLUCOSE

de Verley frères.

205 sacs, net 10.250 kilog. à 37 fr. les 100 kil. . . . . Fr.   3.792 50

A déduire 3 0/0 . . . .   113 75

RESTE . . . . Fr.   3.678 75

Droits : 675 fr. + 1 acquit, 1 fr. . . .   676 »

                                               4.354 25

Amortissement 5 0/0 . . . . Fr.   217 70   4.136 55

FABRICATION

Bière bock, En caves. . . . . 4.958^h

—   Fermentation. . . 220^h

—   Plateau . . . . . 17^{h}40

Soit. . . . 5.195^{h}40 à 32 fr. 50 . . . . . . Fr.   168.850 05

Bière double, En caves. . . . 1.340^h

—   Plateau . . . . 37^{h}55

Soit. . . . 1.377^{h}55 à 15 fr. 50. . . . . 21.352 »

Bière simple, En caves. . . . 1.150 hectol.

—   Fermentation. . 360 —

—   Plateau. . . . . 152 —

Soit. . . . 1.662 hectol. à 8 fr. 50 . . . . . . 14.127 »

Bières : TOTAL GÉNÉRAL . . . . . . Fr.   204.329 05

Amortissement 5 0/0 . . . .   10.206 45

RESTE NET . . . . Fr.   194.122 60   194.122 60

A reporter . . . . . Fr.   2.609.201 95

		Report . . . . . Fr.	2.609.201 95

MAIS et RIZ

de Chegaray.

18 sacs de 38 kilog. = 684 kilogr. à 25 francs. . . . . Fr.   171 »

de Lequeux.

2.500 kilog. — 2.500 kilog. à 30 fr. 50 . . . .   787 50

Total . . . . . Fr.   958 50

Amortissement 5 0/0 . . . . .   47 90   910 60   910 60

COLORANT

d'Antheaume.

2 fûts de 588 kilog. à 45 francs et 3 0/0. . . . . Fr.   232 95

1 demi-fût de 392 kilog. à 50 francs 187 25

de Gallet-Gibon et Cie.

1 fût dextrine : 258 kilog. à 50 francs . . . .   129 »   549 20

Amortissement 5 0/0 . . . . Fr.   27 45   521 75

ARTICLES DE BRASSERIE

Faussets, 20 litres à 0 fr. 50. . . . . Fr.   10 »

Chanvre, 10 kilog. à 1 fr. 30 . . . .   13 »

Bouchons, Broquillons et Rob . . . .   294 »

Bondes, 25.000 à 21 fr. 80 . . . .   545 »

Copeaux, 512 kilog. à 25 francs. . . . .   128 » .

Papier filtre, 150 kilog. 427 50   1.417 50

Amortissement net 5 0/0 . . . . . Fr.   70 85   1.346 45

A reporter . . . . . Fr.   2.611.980 95

| | | Report. . . . Fr. | 2.611.980 95 |

HUILES et SUIFS

Huile de transmission, 113 kilog. à 142 francs . . . Fr.	159 45	
— **de pied de bœuf**, 75 kilog. à 180 francs.	125 »	
— **Valvoléine** } 330 kilog. à 150 francs.	495 »	
Chandelles, 28 kilog. à 1 fr. 25.	35 »	
Bougies, 6 kilog. à 2 francs.	12 »	
		826 45
Amortissement net 5 0/0 . . . . . Fr.	41 30	
		785 15

PRODUITS DIVERS

Ammoniaque, 169 kilog. à 3 fr. 75. . . . . Fr.	635 65	
— 54 touries, 2.700 kilog	1.404 »	
		2.039 65
Chaux vive, 100 kilog. . . . . Fr.	10 »	
Acide tartrique, 5 kilog. 500 gr.	19 80	
Bisulfite n° 224, 1 demi-fût, 62 kilog. à 30 francs	18 60	
Tannin, 10 kilog. à 7 francs	70 »	
	Fr.	2.158 05
Amortissement net 5 0/0	107 90	
		2.050 15
Total. . . . . Fr.		**2.614.816 25**

BILAN GÉNÉRAL des valeurs Mobilières et Immobilières, présentant la situation de la Société en commandite *LA PARISIENNE,* en Caisse et en Portefeuille, des dettes actives et passives *KARCHER et C*ⁱᵉ, dont le Siège Social est à Paris, 88, rue de Bagnolet.

SITUATION ARRÊTÉE LE 31 OCTOBRE 1892

ACTIF

Immeubles et Mobilier industriel	1.786.319 35	1.697.003 40
— Amortissement 5 0/0	89.315 95	
Constructions nouvelles	243.976 40	230.827 60
— Amortissement 5 0/0	12.148 80	
Matériel	250.431 »	237.909 45
— Amortissement 5 0/0	12.521 55	
Outillage	606 15	576 15
— Amortissement 5 0/0	30 »	
Tonnellerie	121.845 85	109.661 28
— Amortissement 10 0/0	12.184 50	
Compte Chevaux	51.916 30	44.128 85
— Amortissement 15 0/0	7.787 45	
Compte Voitures	25.254 20	25.254 20
Marchandises :		
Houblons	48.228 30	45.816 90
— Amortissement 5 0/0	2.411 40	
Malt	19.143 10	18.185 95
— Amortissement 5 0/0	957 15	
Fabrication	204.329 05	194.122 60
— Amortissement 5 0/0	10.206 45	
Glucose	4.354 25	4.136 55
— Amortissement 5 0/0	217 70	
Colorant	549 20	521 75
— Amortissement 5 0/0	27 45	
Poix	1.059 50	1.006 55
— Amortissement 5 0/0	52 95	
Produits divers	2.138 05	2.030 15
— Amortissement 5 0/0	107 90	
		265.840 45
Combustibles		1.483 10
Articles de Brasserie	1.417 50	1.346 65
— Amortissement 5 0/0	70 85	
Caisse		8.916 50
Effets à recevoir		34.087 45
Huiles	826 45	785 15
— Amortissement 5 0/0	41 30	
Loyer d'avance		4.000 »
Débiteurs par Comptes		108.118 35
Société de Crédit Industriel et Commercial	119.575 10	173.546 10
— — —	53.971 »	
TOTAL DE L'ACTIF		2.043.454 65

PASSIF

Capital	2.000.000 »
Emprunt	220.000 »
Effets à payer	61.053 80
Reste à payer	36.880 00
Créditeurs par Comptes	6.958 30
Compte Prélèvement	1.000 »
Edmond Hensch	155.427 70
Entrepreneurs par Comptes	112.036 25
Intérêts du Capital	166.606 65
Profits et Pertes. Bénéfices.	232.811 35
TOTAL DU PASSIF	2.943.454 65

IMPRIMERIE CENTRALE DES CHEMINS DE FER. — IMPRIMERIE CHAIX, RUE BERGÈRE, 20, PARIS. — 23712-11-92. — (Encre Lorilleux).